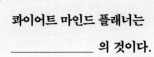

콰이어트 마인드 플래너는

_____ 의 것이다.

코이어트 마인드 플래너

# Quiet

## Mind Planner

알에이치코리아

진화론에서부터 반 고흐의 〈해바라기〉,

퍼스널 컴퓨터에 이르기까지 인류의 위대한 사상이나

예술, 발명품들은 조용하고 이지적인 사람들에게서 탄생했다.

이들은 자신의 내면세계에 주파수를 맞추어

그곳에서 보물을 찾아낼 줄 아는 사람들이었다.

"조용할수록
더 많이 들을 수 있다."

바바 람 다스(Baba Ram Dass, 영성가)

제가 내향성이라는 개념과 그 안에 내재하는 힘에 매료되기는 했어도 『콰이어트』를 출간하고 그 책이 강력한 반향을 일으킬 줄은 몰랐는데, 참 감사한 일입니다. 제가 이름 붙였던 '외향성 이상'을 떠받드는 세계에서 소외를 느꼈던 이야기를 털어놓아준 많은 사례자들 덕분입니다. 그들의 이야기에서 분명한 점은, 내면에 집중하게 되는 그 특별한 재능을 인정한다면, 세상은 분명히 진보한다는 것입니다.

우리는 대부분 오랜 시간 자신의 취향을 묻어두고 장점을 간과해왔습니다. 말허리가 잘리거나 소리가 묻히거나 다른 사람의 계획과 생각에 따르라고 설득당해왔지요.

저는 여러분이 이 『콰이어트 마인드 플래너』로 자기 기질의 장점을 찾아내고 발전시키는 기회를 얻길 바랍니다. 길잡이 질문들이 수줍음에 관한 기존의 생각을 다시 돌아보도록 도울 것이며, 숨겨진 장점을 발견하도록 활력을 돋우어주는 점진적 변화를 만들어가도록 이끌어 줄 것입니다.

질문에 답하고 주어진 과제를 풀어갈 때 뭐라고 써야 할지 너무 걱정하지 않기를 권합니다. 답을 너무 오래 생각하지 마십시오. 남들에게 어떻게 보일지는 중요하지 않습니다. 이 공간은 여러분만의 것이며 이는 매우 디지털화된 우리 삶에 드문 것이기도 합니다. 그러니 그저 받아들이십시오. 아무도 여러분의 답을 읽지 않는답니다. 그 누구도 '좋아요'를 누르거나 반박 댓글을 달지 않아요. 주어진 질문에 정제된 답변을 내는 것은 아무 쓸모가 없습니다. 왜냐하면 그렇게 갈고 닦다가 내면의 목소리 중 무언가를 잃어버릴 수도 있는데, 그것이야말로 여러분이 들어야 하는 목소리이기 때문입니다.

『콰이어트 마인드 플래너』를 쓰기에 충분한 자기만의 시간을 확보한 것부터 이미 이긴 게임입니다. 이제, 내면으로의 여정을 떠나봅시다. 당신처럼 자신만의 길을 고요히 걷고 있는 이들도 많답니다.

수전 케인

# 내향적인 사람들을 위한 선언문

## 1

'자기 생각에 오래 갇혀 있는 사람을
나타내는 말이 있다. 바로 사색가다.

## 2

고독은 혁신의 촉매다.

## 3

차세대 조용한 아이들은 자라면서
자신의 장점이 무엇인지를
알 수 있을 것이며
그렇게 양육받아야 한다.

## 4

외향적인 척하는 것이
도움 될 때도 있다.
그 이후에 조용하게 보내는
시간이 있기 마련이다.

## 5

장기적으로 볼 때
자신의 기질에 맞게 사는 것이
자신이 사랑하는 일과 정말로
중요한 일을 찾는 비결이다.

## 6

새롭고 진실한 관계 하나가
명함 뭉치보다 낫다.

## 7

잡담하는 것을 피하고자
그 길을 돌아가는 것쯤은 괜찮다.

## 8

'콰이어트 리더십
(Quiet leadership, 조용한 지도자)'은
모순적인 말이 아니다.

## 9

사랑은 필수,
사교는 선택이다.

"부드러운 방법으로도
세상을 뒤흔들 수 있다."

마하트마 간디 Mahatma Gandhi
인도의 사회운동가이자 작가

# 1

QUIET
MIND
PLANNER

# 콰이어트 찾기
## 내 위치 파악하기

우리의 삶은 성별이나 인종만큼 성격에도 깊이 영향받으며 형성됩니다. 그리고 성격에서 가장 중요한 측면은 내향-외향 스펙트럼 중 내가 어디에 속하는가입니다. 이 연속선상에 놓인 자신의 위치는 친구와 배우자를 선택하는 기준과 대화하는 방식, 다름을 해결하고 사랑을 표현하는 방법 등에 영향을 미칩니다. 직업 선택이나 그 일에서의 성공 여부에도 영향을 주지요. 운동을 할 가능성과 바람을 피울 가능성은 물론, 수면부족 상태에서 주어진 역할을 얼마나 잘 감당할 수 있는지, 실수를 통해서 얼마나 배울 수 있는지, 주식시장에서 얼마나 큰 투자를 할 수 있는지, 만족감을 얼마나 유지시킬 수 있는지, 얼마나 좋은 지도자가 될 수 있는지, '만약에'라는 질문을 얼마나 많이 던지는지에도 영향을 끼칩니다.

자신의 본성을 잘 이해할수록 세상에서 발휘할 자기만의 특별한 재능을 발견할 수 있는 더 좋은 기회를 얻습니다. 다음 페이지부터는 당신이 자신의 성격을 이해하도록 안내할 것입니다. 우리는 가끔 자신에게 자연스럽지 않은 일도 해야 합니다. 그러나 항상 그래서는 안 되겠지요. 거의 그래서도 안 될 것입니다.

나에게 자연스러운 것들은 무엇인가요?

당신은 내향-외향 스펙트럼 중 어디에 있다고 생각하나요? 아래 선에 자신이 해당한다고 생각하는 곳에 표시해 보세요.

다른 사람들은 당신이 내향-외향 스펙트럼 중 어디에 있다고 생각하는지 표시해 보세요.

다음의 질문들을 통해 당신이 얼마나 내향적 혹은 외향적인지를 더 잘 알 수 있을 것입니다. 각각의 질문에 대체로 해당한다면 'T(그렇다)'로, 아니면 'F(아니다)'로 표시해 보세요.

## 내향성-외향성 자가 진단

1. _____ 나는 단체 활동보다 일대일 대화를 선호한다.

2. _____ 나는 종종 글로 나를 표현하는 것을 좋아한다.

3. _____ 나는 고독을 즐긴다.

4. _____ 나는 동료들보다 부와 명예, 지위에 덜 신경 쓰는 듯하다.

5. _____ 나는 잡담을 좋아하지 않지만 중요하다고 생각하는 주제에 대해 깊이 논의하는 것을 좋아한다.

6. _____ 사람들은 내가 다른 사람의 말을 잘 들어준다고 한다.

7. _____ 나는 큰 위험을 무릅쓰지 않는다.

8. _____ 나는 방해받지 않고 몰입하게 되는 일을 즐긴다.

9. _____ 나는 생일날 친한 친구 한두 명이나 가족들과만 소소하게 보내는 것이 좋다.

10. _____ 사람들이 나더러 '상냥하다'거나 '부드럽다'고 한다.

11. _____ 나는 일을 끝내기 전에 다른 사람들에게 그것을 드러내거나 이야기하지 않고 싶다.

12. _____ 나는 갈등을 싫어한다.

13. _____ 나는 혼자서도 최선을 다해 일한다.

14. _____ 나는 먼저 생각하고 말하는 편이다.

15. _____ 나는 밖을 돌아다니고 나면 그 시간이 즐거웠다 해도 진이 빠지는 기분이다.

16. _____ 나는 종종 전화가 와도 끊어질 때까지 받지 않는다.

17. _____ 꼭 선택을 해야 한다면 주말에 할 일이 꽉 찬 것보다 아예 아무것도 없는 것을 고르겠다.

18. _____ 나는 한꺼번에 여러 가지 일을 하는 것을 즐기지 못한다.

19. _____ 나는 쉽게 집중할 수 있다.

20. _____ 나는 토론식 세미나보다 강의식 수업이 좋다.

# 점수 매기기

'T(그렇다)'와 'F(아니다)'의 개수를 아래 빈칸에 적어보세요.

T(그렇다) : _____개

F(아니다) : _____개

'그렇다'라는 답이 많을수록 당신은 내향적인 사람일 것입니다. 선택권이 주어진다면 내향적인 사람들은 모르는 사람이 한가득인 파티보다 친한 친구와 기울이는 와인 한잔을 선호하며, 가장 좋아하는 사람 몇몇에게 자신의 사회적 에너지를 쏟겠지요. 이들은 말하기 전에 먼저 생각하고, 위험한 일은 더욱 신중하게 접근하며, 고독을 즐기기도 합니다. 또한, 자신이 정말 즐길 수 있는 주제나 활동에 깊이 집중할 때 기운이 난다고 느낍니다. 너무 시끄럽거나 붐비는 등, 과도하게 자극적인 환경에 있으면 당황하는 경향도 있지요. 이들은 평화와 안식, 아름다움이 있는 환경을 추구합니다. 내향적인 사람들은 활발한 내면세계를 구축하고 있으며 내면의 풍성함을 활용할 때 최고의 역량을 발휘합니다.

'아니다'라는 답이 많을수록 당신은 외향적인 사람일 것입니다. 외향적인 사람들은 사회생활을 좋아하며 친구들이든 처음 만난 사람이든 누구나 어울리면서 활력을 얻습니다. 대체로 적극적이고 진취적이며 오늘 하루를 즐길 줄 아는 사람들이지요. 결단력이 좋고 비교적 갈등을 불편해하지도 않습니다. 선택권이 주어진다면 다른 사람들을 만나고 그들과 대화할 기회가 잦은 활기찬 환경을 고를 겁니다. 조용한 환경에 있을 때 지루해하거나 가만히 있지 못하는 경향도 있고요. 외향적인 사람들은 주변 세계에 적극적으로 관여하며 그 에너지를 활용할 때 최고의 역량을 발휘합니다.

'그렇다'와 '아니다'의 수가 거의 같다면, 당신은 양향적인 사람일 것이며 이는 내향-외향 스펙트럼 중간에 위치함을 의미합니다. 이들은 내향성의 세계와 외향성의 세계에서 가장 좋은 특징들을 가져 필요에 따라 두 세계의 장점을 모두 사용할 수 있습니다.

"무의식을 의식하기 전까지는
무의식이 당신의 삶을 인도할 것이며
당신은 그것을 운명이라 부를 것이다."

칼 융Carl Jung
스위스 정신분석학자

스트 결과가 뜻밖이었나요?
떤 면이 놀라웠나요?

앞의 자가 진단에 따르면
당신은 내향적인 사람인
가요? 외향적인 사람인가
요? 아니면 양향적인 사
람인가요?

신뢰하는 친구나 가족에
게 당신의 성격 유형에 관
한 의견을 물어보세요. 그
들의 반응은 어떻습니까?
어떤 요인이 그들의 의견
에 영향을 미쳤을까요?

친구들의 설명에 동의하는 부분은 무엇이고 그들과 다른 당
신만의 관점은 무엇인가요?

배우자나 친구, 자녀 등 당신의 삶에서 중요한 사람들의 이름을 적어보세요. 당신이 보기에 그들은 내향-외향 스펙트럼 중 어디에 속하나요?

DATE       .      .

자신을 진짜 내향적인 혹은 외향적인 사람이라고 생각한다 해도 당신의 행동이 모든 경우에 예측 가능하다는 말은 아닙니다. 우리는 모두 눈부시도록 아름답고 복합적인 개인이며 내향성과 외향성에도 매우 다양한 종류가 있기 때문이지요.

당신의 자질이나 습관, 행동 중 전형적으로 내향성을 나타내는 것과 틀림없이 외향성을 나타내는 것들을 적어보세요.

나의 내향적인 면

나의 외향적인 면

사람은 시간이 지남에 따라 크게 변하기도 합니다. 지난 5년간 당신은 어떤 부분에서 변화를 겪었나요?

**1년 전**

**2년 전**

**3년 전**

**4년 전**

**5년 전**

DATE       .       .

당신은 어떤 면에서는 내향적이거나 외향적이지 않을 수 있고, 어떤 행동이 내향적인지 외향적인지는 상황에 따라 다를 수 있습니다. 어쨌든, 행동은 성격과 상황 두 가지 모두와 상관이 있습니다.

당신은 어떤 상황에서 내향적이고 또 어떤 상황에서 외향적인가요? 어떤 상황에서 어떤 특징이 나타나는지 살펴보고 적어보세요.

내향적인 사람처럼 행동하게 되는 상황

외향적인 사람처럼 행동하게 되는 상황

본성과 반대되는 것 같은 상황에서 자신감을 느끼게 도와주는 세 가지 요인은 무엇인가요?

1

2

3

DATE        .        .

## 조용함에 대해
## 다시 생각하기

어린 시절의 기억 중 자신
이 구경꾼인 것 같다고 느
낀 적이 있나요? 당신은
무리와 함께 어울리기를
바랐나요, 아니면 다른 사
람들을 관찰하는 것이 편
했나요?

"우리는 취약함을 드러내는 것이 약하고 무력하고 결함 있는, 그야말로 엉망진창인 사람으로 보이는 꼴이라고 생각하곤 한다. 하지만 다른 사람들은 우리의 취약성을 보며 뭔가 다르고 매력적이라고 인식할지도 모른다."

에밀리 에스파하니 스미스 Emily Esfahani Smith
『어떻게 나답게 살 것인가』 저자

'내향적', '내향성'과 관련
있다고 생각하는 단어나
문장들을 적어보세요.

그 목록에서 부정적이라고 생각하는 것을 골라보세요. 그것
을 다시 긍정적으로 바꾸어 봅시다. 이 자질이 어떻게 긍정
적인 결과로 이어질 수 있을까요?

어떻게 하면 이 사람의 장점들을 부각하여 설명할 수 있을까요?

지인 중에 수줍음 많은 사람을 한 명 떠올려 봅시다.

---

---

---

---

---

---

---

---

---

---

---

---

---

---

---

---

---

기질의 한계선까지 애써 가둘을 수야 있겠지만 내가 안전하다고 느끼는 구역 안에 정확히 자리 잡는 것이 더 나을 수도 있습니다. 당신의 안전지대를 그려보세요. 그게 무엇이든지요.

어떤 동물은 어딜 가든
자기 집을 짊어지고 다닌다.
어떤 사람도 그렇다.

천천히, 꾸준하게 일하기를 좋아한다면, 다른 사람들 때문에 경쟁해야만 할 것 같다고 느끼지 마십시오. 깊이를 추구한다면 무리해서 폭을 넓히려 하지 마십시오. 멀티태스킹보다 하나의 일만 집중하기를 선호한다면 그 마음을 바꾸지 마십시오. 보상에 쉽게 흔들리지 않는 태도는 자기만의 길을 갈 수 있는 엄청난 힘을 가져다 줍니다.

당신은 깊이를 추구하나요? 이유가 무엇인가요? 한 번에 한 가지 일만 집중하기 위해서 어떻게 시간을 낼 수 있을까요?

살면서 내향적인 행동이
장점으로 작용했던 일을
적어보세요.

"자기 자신의 영혼만큼
근심에서 벗어나
평화롭고 자유로울 수 있는
피난처는 찾을 수 없다."

_____

**마르쿠스 아우렐리우스**Marcus Aurelius
『명상록』 저자

당신은 어떤 피난처를 원
하나요?

내향성과 외향성에 관해
생각해 볼 수 있는 한 가
지 유용한 방법은, 자신이
어느 정도의 자극을 선호
하는지 살피는 것입니다.
내향적인 사람은 외부 자
극을 덜 좋아하고 외향적
인 사람은 더 좋아하지요.
자신에게 최적 수준의 자
극이 무엇인지 잘 이해하
면 성격에 잘 맞는 환경에
의식적으로 자리 잡아보
려는 노력을 시작할 수 있
습니다. 너무 자극이 강하
지도 약하지도 않고, 지루
하지도 불안을 유발하지
도 않는 환경에서 말이죠.

최근에 너무 자극적이라고 느꼈던 상황을 적어보세요. 어디
에서 무엇을 하고 있었나요?

최근에 자극이 거의 느껴지지 않았던 상황을 적어보세요.
어디에서 무엇을 하고 있었나요?

DATE         .         .

혼자 있는 것이 어떻게 느
껴지나요?

"내게 혼자라는 것은 언제나
실제 공간처럼 느껴졌다.
마치 존재 상태라기보다
진짜 나 자신으로
돌아갈 수 있는 방 같았다."

셰릴 스트레이드Cheryl Strayed
『와일드』 저자

자신감을 느꼈던 최근의
경험을 적어보세요. 무엇
을 하고 있었나요?

당신이 좋아하는 예술 작품이나 음악, 문학의 창작자에 대해 더 알아보세요. 그 창작자는 누구이고 당신이 사랑하는 그들의 작품은 무엇인가요? 그들은 다른 사람들과 함께 시간을 더 많이 보내는 것과 혼자 있는 것 중 무엇을 선호할까요?

영화에서 내향적인 사람들이 어떻게 묘사되는지 주의 깊게 살펴봅시다. 어떤 장면에서 조용함과 고독에 관한 그들의 애정이 드러나나요? 생각이 깊은 그들의 모습이 어떻게 재능으로 묘사되나요?

---

**1**

영화 제목 :

장면# :

---

**2**

영화 제목 :

장면# :

『음을 좋아하는 소 페르디난드』부터 『제인 에어』까지 문학 작품에는 내향적인 주인공들이 아
많습니다. 당신이 가장 좋아하는 등장인물은 누구이며 그 이유는 무엇입니까?

**1**

작품 제목 :

등장인물 :

**2**

작품 제목 :

등장인물 :

"외로운 사람이 되어라.
의심하고 진리를 탐구할
시간이 주어지리니.
거룩한 호기심을 가지라.
당신의 삶을 살 만하게 만들라."

---

**알버트 아인슈타인**Albert Einstein
**이론물리학자**

신의 삶에서 언제, 그리고 어디서 조용함이 권장되나요?

제

디서

특히 고된 하루를 보낸 후 나를 재충전하게 해주는 활동은 무엇인가요? 그 활동들을 하려 할 때 가로막는 장애물은 무엇이며 어떻게 극복할 수 있나요?

| 시간 | 활동 | 에너지 지수 (1~10) |
|---|---|---|
| 9:00 | ☐ ☐ | |
| 10:00 | ☐ ☐ | |
| 11:00 | ☐ ☐ | |
| 12:00 | ☐ ☐ | |
| 13:00 | ☐ ☐ | |
| 14:00 | ☐ ☐ | |
| 15:00 | ☐ ☐ | |
| 16:00 | ☐ ☐ | |
| 17:00 | ☐ ☐ | |
| 18:00 | ☐ ☐ | |
| 19:00 | ☐ ☐ | |
| 20:00 | ☐ ☐ | |

DATE    .    .

## 스위트 스폿 찾기

한 주 동안 매일 시간대별 활동을 기록하고 활동마다 1부터 10까지 에너지 지수를 표시해 봅시다. 언제 가장 적절한 수준의 자극을 느꼈는지 주의 깊게 관찰해 보세요. 그것이 당신의 스위트 스폿입니다. 매일 하루를 마무리할 때 당신이 기억할 수 있는 모든 스위트 스폿에 별표를 해봅시다. 마찬가지로 너무 자극적이거나 자극이 거의 없는 순간에도 주의를 기울여 보세요. 그런 순간은 옆에 x표를 해보세요.

DATE      .      .

| 시간 | 활동 | 에너지 지수 (1~10) |
|------|------|---------|
| 9:00 | ☐ ☐ | |
| 10:00 | ☐ ☐ | |
| 11:00 | ☐ ☐ | |
| 12:00 | ☐ ☐ | |
| 13:00 | ☐ ☐ | |
| 14:00 | ☐ ☐ | |
| 15:00 | ☐ ☐ | |
| 16:00 | ☐ ☐ | |
| 17:00 | ☐ ☐ | |
| 18:00 | ☐ ☐ | |
| 19:00 | ☐ ☐ | |
| 20:00 | ☐ ☐ | |

| 시간 | 활동 | 에너지 지수<br>(1~10) |
|---|---|---|
| 9:00 | ☐<br>☐ | |
| 10:00 | ☐<br>☐ | |
| 11:00 | ☐<br>☐ | |
| 12:00 | ☐<br>☐ | |
| 13:00 | ☐<br>☐ | |
| 14:00 | ☐<br>☐ | |
| 15:00 | ☐<br>☐ | |
| 16:00 | ☐<br>☐ | |
| 17:00 | ☐<br>☐ | |
| 18:00 | ☐<br>☐ | |
| 19:00 | ☐<br>☐ | |
| 20:00 | ☐<br>☐ | |

DATE        .        .

DATE      .      .

| 시간 | 활동 | 에너지 지수 (1~10) |
|---|---|---|
| 9:00 | ☐ <br> ☐ | |
| 10:00 | ☐ <br> ☐ | |
| 11:00 | ☐ <br> ☐ | |
| 12:00 | ☐ <br> ☐ | |
| 13:00 | ☐ <br> ☐ | |
| 14:00 | ☐ <br> ☐ | |
| 15:00 | ☐ <br> ☐ | |
| 16:00 | ☐ <br> ☐ | |
| 17:00 | ☐ <br> ☐ | |
| 18:00 | ☐ <br> ☐ | |
| 19:00 | ☐ <br> ☐ | |
| 20:00 | ☐ <br> ☐ | |

| 시간 | 활동 | 에너지 지수<br>(1~10) |
|---|---|---|
| 9:00 | ☐<br>☐ | |
| 10:00 | ☐<br>☐ | |
| 11:00 | ☐<br>☐ | |
| 12:00 | ☐<br>☐ | |
| 13:00 | ☐<br>☐ | |
| 14:00 | ☐<br>☐ | |
| 15:00 | ☐<br>☐ | |
| 16:00 | ☐<br>☐ | |
| 17:00 | ☐<br>☐ | |
| 18:00 | ☐<br>☐ | |
| 19:00 | ☐<br>☐ | |
| 20:00 | ☐<br>☐ | |

DATE    .    .

DATE      .      .

| 시간 | 활동 | 에너지 지수 (1~10) |
|---|---|---|
| 9:00 | ☐ <br> ☐ | |
| 10:00 | ☐ <br> ☐ | |
| 11:00 | ☐ <br> ☐ | |
| 12:00 | ☐ <br> ☐ | |
| 13:00 | ☐ <br> ☐ | |
| 14:00 | ☐ <br> ☐ | |
| 15:00 | ☐ <br> ☐ | |
| 16:00 | ☐ <br> ☐ | |
| 17:00 | ☐ <br> ☐ | |
| 18:00 | ☐ <br> ☐ | |
| 19:00 | ☐ <br> ☐ | |
| 20:00 | ☐ <br> ☐ | |

| 시간 | 활동 | 에너지 지수 (1~10) |
|---|---|---|
| 9:00 | ☐ <br> ☐ | |
| 10:00 | ☐ <br> ☐ | |
| 11:00 | ☐ <br> ☐ | |
| 12:00 | ☐ <br> ☐ | |
| 13:00 | ☐ <br> ☐ | |
| 14:00 | ☐ <br> ☐ | |
| 15:00 | ☐ <br> ☐ | |
| 16:00 | ☐ <br> ☐ | |
| 17:00 | ☐ <br> ☐ | |
| 18:00 | ☐ <br> ☐ | |
| 19:00 | ☐ <br> ☐ | |
| 20:00 | ☐ <br> ☐ | |

DATE  .  .

이제 일주일간의 기록으로 돌아가 별표 했던 모든 스위트 스폿을 적어보세요. 자신의 스위트 스폿을 이해하고 최대한 활용하는 것은 삶의 모든 영역에서 만족감을 상승시킬 수 있습니다. 이곳에 나열해 보세요.

부정적인 감정을 일으키
는 상황과 활동을 정확히
집어내는 것도 불안감과
당혹감을 줄이고 즐거움
은 상승시키는 방법에 관
한 통찰을 줄 수 있답니
다. 일주일간의 기록으로
돌아가 x표 했던 불안한
순간을 찾아보세요. 그리
고 여기에 기록해 보세요.

일주일간의 기록을 돌아
볼 때 자신이 언제 과도한
자극을 느끼는 경향이 있
는지 반복되는 패턴이 보
이나요?

자극을 거의 받지 못했던
때는 언제인지 반복되는
패턴이 있나요?

에너지를 북돋아주는 활동의 양이나 시간을 최대화할 수 있는 세 가지 방법은 무엇입니까?

**1**

**2**

**3**

너지를 빼앗아가는 활동의 양이나 시간을 최소화할 수 있는 세 가지 방법은 무엇입니까?

1

2

3

자신의 일과 취미, 사회생활을 조정하여 최대한 스위트 스폿에 많이 머무를 수 있는 방법은 무엇인가요?

친근한 상황에서 만났던 사람들을 적어보세요.

취미

사회생활

내일 하루 당신의 스위트
스폿을 만들어낼 수 있는
방법은 무엇인가요?

## 창조를 위한 시공간

조용히 자기반성을 하기
위해 따로 떼어놓은 시간
은 언제인가요?

하루에 이렇게 구별된 시간을 더 많이 확보하기 위해 어
방법들이 있을까요?

내면세계에 접속하기 위
해 하는 의식이 있나요?
무엇인가요?

"다른 사람은 갖지 못했지만
당신이 가지고 있는 한 가지는
바로 당신 자신이다.
당신의 목소리, 당신의 생각,
당신의 이야기, 당신의 꿈이다.
그러니 할 수 있는 만큼 최대한 쓰고
그리고 만들고 놀고 춤추고 살아가라."

닐 게이먼Neil Gaiman
작가이자 영화제작자

오늘 밤 창조적인 일에 매
진할 수 있는 자유시간이
주어진다면 무엇을 할 건
가요?

위원회 모임 같은 건 건너
뛰십시오. 우연히 만나는
지인과 의미 없는 잡담을
피하고 싶다면 그 길을 돌
아가십시오. 글을 읽고 요
리하고 달리십시오. 글을
쓰십시오.

다음 주에 나만의 시공간을 더 확보하여 앞에서 적었던 창
조적인 일이나 내가 즐거움을 느끼는 것에 쏟을 방법은 무
엇일까요?

주일, 한 달, 혹은 일 년 등 자신에게 적당한 기간을 고르
그 기간에 참석하거나 주최하고 싶은 행사는 몇 회인지,
마나 집에 머물 수 있는지 계획을 세워보세요.

개인적인 일을 할 시간을 뺏어가는 사회적 활동에 관해서는 그때그때 상황을 봐서 결정하기보다 몇 번 정도 참석하고 싶은지 전체적인 감을 익히려고 노력해 보세요. 이렇게 하면 파티 초대를 거절하는 것에 죄책감을 느끼지 않는답니다.

다음 달 달력을 미리 펼
쳐보세요. 사업을 위한 인
맥 형성 모임을 포함하여
다음 달에 가야 하는 친목
모임들을 나열해 보세요.

가지 않아도 될 모임이 있다면 무엇인가요?

경험을 적어보세요.

초대나 요청을 정중하게
거절해 보세요. 당신이 예
상했던 결과였나요?

가장 최근에 활기를 되찾
았던 경험을 적어보세요.

어디에서 무엇을 하고 있었나요?

열한 것 중 향상해 보고 싶은 능력에 동그라미 해보세요. 재능을 더 발전시키기 위해 일주일에 적어도 30분은 투할 방법은 무엇인가요?

_____

_____

_____

_____

_____

_____

_____

_____

_____

_____

_____

_____

_____

_____

우리가 신화를 통해 세상에는 다양한 능력이 있음을 알게 됩니다. 어떤 아이에게는 광선검이 주어지고, 어떤 아이는 마법사 교육을 받는다고요. 여기서 비결은 모든 종류의 능력을 모으는 것이 아니라 자신에게 주어진 것을 잘 활용하는 것입니다. 당신의 특별한 능력을 적어보세요. 다른 사람은 못 보고 넘길 수도 있는 것들도 빠뜨리지 마시고요.

당신을 가장 많이 지지해
주는 사람들은 누구인가
요? 그 사람들은 당신에
게 힘을 북돋워주기 위해
어떻게 하나요?

"우리의 깊은 내면에 무언가 값지고,
귀 기울일 만하고, 신뢰할 만하며,
만져보지 않을 수 없는 것이 있음을
누군가가 알려주기 전까지
우리는 자기 자신을 믿지 않는다."

에드워드 에스틀린 커밍스E. E. Cummings
**미국 시인**

최근에 참여했던 활동 중
강한 주의력이 필요한 일
이 있었나요? 그 활동이
즐거웠나요? 끝까지 지속
할 충분한 시간이 있었나
요?

당신이 사랑하는 일, 당신
에게 중요한 일을 할 때
끈기와 집중력, 통찰력,
세심함 같은 당신의 타고
난 힘을 사용하십시오. 당
신이 열정을 느끼는 일은
무엇인가요?

"유별난 의견을 내는 것을
두려워하지 말라.
지금 일반적인 견해는
모두 한때 유별났던 것들이다."

버트런드 러셀Bertrand Russell
철학자이자 사회 비평가

당신이 가지고 있는 가장
유별난 아이디어나 의견
은 무엇인가요?

내향적인 사람들은 자신이 열정을 느끼는 활동을 알아내는 것도 어려울 수 있습니다. 살면서 너무 오랜 시간 외향적 기준에 순응해 와서 진로나 직업을 선택할 때도 자신의 기호를 접어두는 것이 지극히 당연하게 느껴지지요.

당신은 진로나 직업을 어떻게 찾았나요? 직접 골랐나요, 니면 누군가 골라주었나요?

자신의 열정이 무엇인지
알아내는 기량을 연마하
기 위해 일단 자신이 좋
아하는 것에 집중해 봅시
다. 그리고 여기에 적어보
세요.

DATE        .        .

생각나는 대로 판단내리는 법을 연습하십시오. 다른 근육처럼 이 기술을 연마하십시오. 설
단순히 지난 밤 영화에 관한 의견을 내더라도 말입니다. 여기에 최근 먹었던 밥이나 읽었던
관람했던 영화에 관한 짧은 의견을 남겨보세요.

른 사람들은 동의하지 않더라도 자신의 의견을 계속 지켜나가기 위해 사용할 수 있는 전략 가지로 어떤 것이 있을까요?

오늘 다른 사람의 불완전
한 모습 중 어떤 것을 용
납할 수 있겠습니까?

오늘 당신이 용납할 수 있는 자기 자신의 불완전한 모습
무엇입니까?

"인간 본성의 불완전함을
용납할 준비가 되지 않았다면
그는 영혼의 진정한 고결함에
도달할 수 없다."

하즈라트 이나야트 칸Hazrat Inayat Khan
수피교 교사이자 음악가

"세상에서 가장 후회막심한 사람은
창조적인 일을 천직이라 생각하고
창조적인 힘이 피어오르는 것을
제어할 수 없다고 느끼면서도
그 일에 아무런 힘도 시간도
쏟지 않는 사람이다."

_____

메리 올리버Mary Olive
시인이자 수필가

어째서 창조적인 일이나 직업을 천직이라고 느끼시나요? 어떻게 하면 이 일에 더 많은 에너지와 시간을 들일 수 있을까요?

## 자기만의
## 핵심 프로젝트 파악하기

열정을 불러일으키는 것
은 삶을 변화시킬 수 있습
니다. 깊이 마음 쓰는 일
이 있으면 성격에 맞지 않
아도 그 일을 하려고 몸을
움직일 수 있음을 당신도
알게 될 거예요. 지금부터
는 저명한 강연자 브라이
언 리틀Brian Little 교수가
'자기만의 핵심 프로젝트'
라고 부르는 것에 집중할
수 있도록 돕겠습니다.

어렸을 때 무엇이 되고 싶었나요? 그것이 왜 매력적으로 느
껴졌나요?

떤 종류의 일에 마음이 끌리나요?

가장 최근에 진짜 마음이
가는 일을 하려고 성격에
맞지 않아도 몸으로 움직
였던 일을 기록해 보세요.

질투는 못난 감정이지만
진심을 보여주기도 합니
다. 당신이 질투하는 사람
은 누구이며 갈망하는 것
은 무엇입니까?

삶의 목적과 관련하여 당
신을 눈물짓게 하는 것은
무엇입니까?

DATE          .          .

앞에서 적었던 응답을 돌
아보며 어렸을 때 되고 싶
었던 것 및 마음이 끌리는
일이 당신이 질투하는 사
람 및 그 사람의 위치와
겹치는 부분이 있는지 떠
올려보십시오.

그 교차점에 어떤 핵심 프로젝트가 있나요?

신은 무엇을, 언제 성취하고 싶나요?

DATE      .      .

당신의 천직을 알아냈다면 열정과 에너지를 쏟아 그 일을 계속해 나가십시오. 자신만의 목표를 설정하십시오.

습관 옹호자인 스웨덴 심리학자 앤더스 에릭슨Anders Ericsson에 따르면 의도적으로 연습할 때 도
해야 할 일이나 지식을 분별하고, 자신의 성과를 향상하기 위해 노력하며, 자신의 성장 정도를
검해 그에 따라 수정 보완한다고 합니다. 이러한 기준에 미치지 못하는 연습 시간은 상대적으
유용하지 않을 뿐 아니라 역효과를 낳습니다. 기존의 인지 체제를 개선하는 것이 아니라 강화
기 때문이지요.

당신이 가진 기술 중 연습을 더 많이 해서 유익할 만한 것은 무엇인가요? 언제, 어디서, 얼마
연습할 수 있나요? 일정표에 적어보세요.

| 기술 | 언제 | 어디서 | 얼마나 |
|---|---|---|---|
|  |  |  |  |
|  |  |  |  |
|  |  |  |  |
|  |  |  |  |
|  |  |  |  |
|  |  |  |  |
|  |  |  |  |
|  |  |  |  |
|  |  |  |  |

혼자 연습하는 것의 유익
은 무엇일까요? 다른 사
람들과 함께 연습하는 것
의 유익은 또 무엇일까
요?

"우리의 문화는 외향적인 사람들처럼
사는 것만을 미덕으로 만들었다.
우리는 내면으로의 여행,
즉 마음 중심 탐구를 단념해왔다.
그래서 우리는 중심을 잃었지만
다시 찾아야만 한다."

아나이스 닌Anais Nin
작가이자 일기작가

어떤 것들이 당신의 내면
으로의 여행을 도울 수 있
을까요?

상상력을 동원하여 당신이 승리하는 모습을 마음에 그리고 자신감을 강화하십시오. 연습의 과로 당신이 목표에 달성하는 모습을 그림으로 그려보세요.

다른 사람들도 자신의 조
용함의 힘을 인식하도록
당신이 도울 수 있는 방법
은 무엇일까요?

이상적인 세계에서는 하고 있는 일과 인생의 목적이 같거나 적어도 어떻게든 연결되어 있습니다. 그런데 생각보다 많은 사람에게 그것은 그저 이상적인 세계가 아니에요. 당신에게는 여히 이상적인 세계로 들린다면 너무 많은 시간과 에너지를 쏟지 않아도 되는 일에서 수입을 얻록 노력해 보세요. 그러면 나머지 시간을 가장 중요한 일을 하는 데 쓸 수 있을 겁니다.

당신의 상황은 어떠한가요? 그 상황을 어떻게 개선하고 싶나요?

지금 상황

개선점

DATE      .      .

당신의 일이 인생의 목적
과 연관 없는 경우, 어떻
게 하면 사랑하는 일을 하
는 데 시간을 더 쓸 수 있
을까요?

"책을 읽고, 춤을 추라.
이 두 가지 유희는 세상에 어떠한
해도 끼치지 않을 것이다."

───────────────────────

**볼테르**Voltaire
**작가이자 역사가, 철학자**

독서와 춤 이외에 당신과
주변 세계에 유익한 유희
는 무엇인가요?

**QUIET
MIND
PLANNER**

# 콰이어트
# 사용하기

지금까지 내향성의 정도와 관련된 자기 성격 유형에 대해 더 잘 알게 되고 자기만의 특별한 장점을 찾아내는 기회가 되었기를 바랍니다. 이상적으로 말하자면, 앞으로 당신은 열정을 느끼는 일을 찾아내고 그 일에 시간을 쏟게 될 것입니다. 당신이 저와 같은 사람이라면 혼자 일하는 것을 즐기고 고독을 통해 힘과 영감을 얻겠지요. 그렇지만 우리는 대부분 외부와 단절된 상태에서 혼자 열정을 추구할 수는 없습니다. 세상과 만나야 하지요. 생계를 위해 말을 해야만 하는 사람도 있습니다. 대중 앞에서까지도요. 어떤 사람들은 개방형 사무 환경에서 일하며 매일 회의에 참석해야 할 수도 있겠지요. 우리는 대부분 나와 기질이 다른 동료와 친구, 가족들과 함께 지냅니다.

　앞서 우리의 콰이어트를 찾았다면 이제 그것을 활용하여 시끄러운 세상에서 조용함을 유지하는 방법을 익히는 것에 주목하려 합니다. 어떤 면에서 이 말은 공간을 확보하고 경계를 설정해 자신에게 가장 편안한 방식으로 일을 해나갈 수 있다는 의미일 수도 있습니다. 또 다른 의미로 지금까지는 내가 긴장했던 영역에서 자신감을 기르는 것이 필요하다는 말일 수도 있습니다. 이 장부터는 당신이 가진 장점을 활용하면서 그 장점들을 일에 접목하는 최선의 방법을 찾을 것이며 외향적인 세상에서 잘 살아가기 위해 그 방법들을 어떻게 사용하는지 배우게 될 것입니다.

## 안전지대 떠나기

1장에서는 자신의 안전지대에 깊이 들어가도록 권면했지만 이제 다른 사람과의 관계, 직장, 잠재적 리더십, 사회 기여 등에 대해 함께 생각해 봅시다. 이를 위해서는 당신의 안전지대를 떠나야 합니다.

주목받기를 즐기는 때가 있다면 언제인가요? 직장에서인가요, 집에서인가요? 모르는 사람에게서인가요, 친한 사람에게서인가요?

_____

_____

_____

_____

_____

_____

_____

_____

_____

_____

_____

_____

_____

_____

_____

_____

른 사람과 이야기하거나 그들 앞에 설 때 마음이 약해지
요? 이러한 상황에서 자기 자신에게 무슨 말을 해주나요?

저는 모르는 사람 혹은 다
수의 사람과 대화할 때 밝
게 웃으며 솔직한 태도로
임하지만 아주 잠깐 높은
줄 위에 서 있는 느낌이
들기도 합니다.

자극이 너무 강해서 자꾸
피하게 되는 상황은 무엇
인가요? 일이나 개인적
유익을 고려해 보면 자기
자신을 과도하게 자극적
인 상황에 더 자주 노출하
는 것이 당신에게 얼마나
도움이 될까요?

래 나의 모습보다 더 활발하게 보여야 한다는 압박을 느끼는 경우를 적어보세요.

앞에서 적었던 예시들 중
당신에게 도움이 되는 것
은 어떤 것이며, 당신의
행동을 재고해 보고 싶은
경우는 무엇인가요? 예를
들어, 당신이 발표하는 것
을 좋아하는 척하는 법을
습득했다면, 그리고 그것
이 당신이 하는 일에 중요
하다면, 아마 그것은 유지
하고 싶은 행동일 것입니
다. 반면에 당신이 사무실
회식에서 필요 이상으로
주변 사람들과 어울린다
면 그것은 재검토해봐야
할 행동일 겁니다.

이번 주에 맞닥뜨리려니
기분 좋아지는 생각이나
일은 무엇인가요?

"자신에게 일어나는 모든 일을
제어할 수는 없겠지만
그 일들로 인해 약해지지 않기로
마음먹을 수는 있다."

마야 안젤루Maya Angelou
시인이자 메모리스트, 시민권 운동가

일상적인 하루 중 당신을 가장 불안하게 만드는 부분은 무엇인가요? 그 불안을 잠재우기 위해 무엇을 할 수 있습니까?

불안 요소

_____

_____

_____

_____

_____

_____

_____

_____

_____

_____

불안 해소법

_____

_____

_____

_____

_____

_____

_____

_____

_____

_____

_____

내향적인 성향이 자신과
조직에 유리하게 작용했
던 업무 상황을 적어보세
요. 당신의 어떤 특성이
그 상황의 성공적인 결과
에 기여했나요?

오늘, 보통은 조용하게만 참여하는 대화에 당신의 의견을 더해보세요. 그리고 그 경험을 여기 적어보세요.

생각은 조용히 공유될 수 있다.
수기로 전달될 수도 있고,
매우 완성도 높은 강의에
포함될 수도 있으며,
협력하여 발전을 이룰 수도 있다.

직장이든 집이든 아니면 어떤 상황이든 당신이 나누고 싶은 새로운 아이디어는 무엇인가요? 당신이 꼭 해야만 하는 그 말을 다른 사람들이 확실히 듣게 하되 조용하게 전달할 수 있는 방법은 무엇일까요?

최근, 내가 하고자 하는 이야기의 논점을 다른 사람에게 이해시킬 수 없을 것처럼 느껴졌던 상황을 적어보세요. 당신이 이야기를 풀어내지 못하도록 막는 요인들은 무엇이었나요?

다음부터 다른 사람이 내 목소리를 듣게 하기 위해 어떤 전략을 사용할 수 있을까요?

시간에 도착하거나 늦는 것과 비교하여 아직 준비 중일
도착하는 것이 당신의 불안을 어떻게 누그러뜨렸나요?

_____

_____

_____

_____

_____

_____

_____

_____

_____

_____

_____

_____

_____

_____

_____

작가이자 강연자인 메간 프란시스Meagan Francis는 사회 불안을 다루는 방법에 대해 이렇게 조언합니다. "사람이 붐비는 방에 들어가는 것이 스트레스라면 그곳에 일찍 가십시오. 가능하면 정말 일찍. 테이블은 거의 비어 있고 진행요원들도 준비하느라 아직 바쁘게 돌아다닐 때 말입니다." 그다음에 이 조언대로 시도해 보고 그 경험을 여기에 적어보세요.

"다행히도 자기주장은
내향성이나 외향성처럼
성격 특성이 아니다.
오히려 자기주장은
특성이 아니라 행동이다.
자기주장은 배우는 것이고
연습하는 것이며,
때때로 실패해도
다시 시도하는 것이다.
자전거 타기처럼."

---

엘렌 헨드릭센Ellen Hendriksen
임상 심리학자, 『지나치게 불안한 사람들』 저자

보통은 피해버렸을 상황
에 오늘은 조금 더 자기주
장을 해보세요. 어떻게 되
었나요?

대화 상황에서 다른 내향
적인 사람이 어떻게 성공
적으로 자기주장을 하는
지 관찰해 보세요.

다른 사람들의 반응과 그때 느꼈던 당신의 기분을 적어보
요.

행사를 위해 어떻게 자기 자신을 준비시킬 수 있나요? 이
전에 맞서기 위해 당신의 장점을 어떻게 끌어낼 수 있을
요?

곧 다가오는 행사 중 당신
의 안전지대를 벗어나야
하는 것에 대해 적어보세
요. 그 행사가 임박해오는
기분이 어떤가요?

적게 말하는 것이 당신에
게 도움이 되었던 경우를
적어보세요.

"아는 자는 말하지 않는다.
말하는 자는 알지 못한다."

———————————————

**노자**老子
**고대 중국 철학자**

# 관계 다루기

당신이 편안하다고 느끼는 안전지대 밖으로 나와 움직이기 시작했으니 이제 다른 사람들을 대하는 것, 관계에 대해 생각해 봅시다. 1장 '콰이어트 찾기'에서 나와 가까운 사람들이 내향-외향 스펙트럼에서 어디에 위치하는지 생각해 보았습니다. 내향적인 사람들과 외향적인 사람들이 스펙트럼의 양극단에 있다면 그들은 어떻게 어울릴 수 있을까요? 이 두 유형의 사람들은 서로에게 끌리는 경우가 자주 있습니다. 친구 관계와 업무 관계, 특히 사랑하는 사이에서 말이죠. 이들은 함께 있음으로써 엄청난 흥분과 상호 간의 존경, 서로가 서로를 채워준다는 느낌을 누릴 수 있습니다. 한 사람이 말하면 다른 사람은 경청하고, 한 사람이 아름다움뿐 아니라 가혹한 비판에도 민감하다면 다른 사람은 하루하루 당당하게 살아가지요. 한 사람이 생계를 담당하면 다른 사람은 자녀들의 놀이 시간을 담당합니다. 하지만 이 사람들이 서로 목표하는 바가 다를 때 문제가 발생할 수 있습니다.

이제 우리는 내향-외향 짝꿍들이 자연스러운 시너지 효과를 만들어가는 방법과 서로 목표하는 바가 다를 때 발생하는 문제를 처리하는 방법에 관해 집중적으로 생각해 보려 합니다. 그런데 모든 관계를 개선하고 싶은 것은 아닐 테지요. 어떤 관계는 그저 제한을 두고 싶을 수도 있을 겁니다.

신이 아는 내향-외향 관계들 중 가장 성공적인 사례는 무
입니까? 그 사람들은 각각 어떤 장점을 관계 안으로 들여
나요?

사랑은 필수지만 사교는
선택입니다. 당신과 가장
가깝고 당신이 가장 사랑
하는 이들을 소중히 여기
십시오. 좋아하고 존경하
는 동료들과 일하십시오.
관계는 내향적인 사람들
을 포함하여 모든 사람을
더 행복하게 만듭니다. 그
렇지만 양보다 질을 생각
하십시오.

"나는 나를 진 빠지게 하는
주변 사람들에게
내 에너지를 빼앗기지 않을 것이다.
건강하게 경계를 두는 방법을
배울 것이다."

---

주디스 올로프Judith Orloff
『나는 초민감자입니다』 저자

루를 마무리하며 스스로 점검해 보세요. 나의 에너지를
켜내는 데 성공했나요? 내일 세워야 할 경계는 무엇인가
?

오늘 당신의 에너지를 지
켜낼 방법은 무엇인가요?
타인과의 건강한 경계를
어떻게 세울 건가요?

가깝지만 기질적으로 맞
지 않는 사람과 함께 지내
는 공간을 잘 꾸려가는 방
법은 무엇인가요?

당신이 기질의 불일치에
대처하는 방식 중 여전히
개선이 필요한 영역은 무
엇인가요?

직장에서 천성이 내향적
인 것처럼 보이면서도 일
처리가 유능한 사람에 대
해 적어보세요. 그 사람은
다른 사람들과 어떻게 대
화를 나누고 조화를 이루
고 소통하나요?

당신이 그 사람과 공통으
로 지니고 있는 특징은 무
엇이며 그가 발휘하는 기
량 중 당신에게도 있는 것
은 무엇입니까?

외향적인 사람들은 내향적인 사람들이 바쁜 하루를 보낸 뒤 재충전이 얼마나 절실히 필요한
이해하기 어려울 수 있습니다. 사랑하는 사람에게 나만을 위한 시간이 조금 필요하다는 것
부드럽게 알려줄 방법 세 가지는 무엇인가요?

1

2

3

"자신에게 필요한 시간을 보낼 때
행복은 올라가고
스트레스는 내려가서
함께하는 사람과 더 나은 관계를
맺을 수 있음을 기억하라."

사라 존스Sarah Jones
데이트 코치 회사 인트로벌티드 알파Introverted Alpha 설립자

DATE      .      .

사무실에서든 집에서든 누군가에게 즉각 응답하기 전에 생각할 시간이 필요하다고 느끼면 시간을 달라고 요청해 보세요.

어떻게 요청했나요? 결과는 어땠나요?

경험들을 이곳에 적고 해결 방법을 고민해 봅시다.

내향적인 사람들은 자신의 침묵이 다른 사람에게 얼마나 상처가 되는지 이해하기 어렵습니다. 당신의 침묵이 오해받았던 경험이 있나요?

"나는 이틀 간격으로 두 번,
아무 말도 하지 않는 훈련을 계속해왔다.
두 번 이어지는 침묵은
압도적으로 보이는 문제에
효과적이면서 창조적인
해결책을 가져다주었다."

진 밥Jean Babb
코치이자 전략 상담가

묵이 어떻게 해결책을 가져다줄 수 있나요?

오늘, 침묵을 말로 메워야
할 것 같은 대화에서 잠깐
멈추고 기다려보세요. 어
떤 일이 일어났나요?

『스몰토크 코드*The Small Talk Code*』의 저자 그레고리 퍼트Gregory Peart는 이렇게 주장합니다. "당신이 먼저 대화를 주도하려고 할 때 통제력을 느끼게 된다. 수동적인 태도에서 능동적인 태도로의 전환이 당신의 세상을 바꿀 수 있다." 오늘, 대화를 먼저 시작해 보세요.

그 일이 어떤 식으로 자신감을 높여주었나요? 아니면 어게 이전보다 더 나은 통제력을 가져다주었나요?

_____

_____

_____

_____

_____

_____

_____

_____

_____

_____

_____

_____

_____

_____

_____

_____

교적인 환경에서 다른 사람과 함께 나눌 수 있는 개인적 이야기를 두세 가지 생각해 보고 여기에 적어보세요.

작가이자 편집자인 린제이 후드Lindsay Hood는 이렇게 제안합니다. "'아, 괜찮습니다'처럼 길고 어색한 침묵을 남기는 대답만 하지 않도록 사람들과 나눌 몇 가지 재미있는 이야기를 미리 준비해두라. 두세 가지 짧은 뉴스나 서너 달 전에 경험했던 자신의 이야기면 된다."

당신이 이야기하기 편한
주제는 무엇입니까? 몇
가지 적어보고 더 생각이
나면 계속 추가해 보세요.

"어떤 주제에 대해 느끼는
편안함의 수준은
자신감으로 나타난다."

---

그레고리 퍼트Gregory Peart
작가, 소셜업그레이더Socialupgrader.com 설립자

DATE          .          .

연구조사에 따르면 내향적인 사람들은 친근한 상황에서 만나는 사람들을 좋아하고
외향적인 사람들은 자신과 경쟁하는 사람들을 더 선호하는 경향이 있습니다.


친근한 상황에서 만났던 사람들을 적어보세요.


경쟁하는 상황에서 만났던 사람들을 적어보세요.


위의 두 상황은 당신이 느꼈던
타인의 첫인상에 어떤 영향을 주었나요?

누구나 위대한 협상가가
될 수 있습니다. 말하기보
다는 조용히 품위를 유지
하고, 갈등을 만들기보다
는 본능적으로 조화를 지
향하는 것이 득이 될 때가
많지요. 경청하고 조화를
추구하는 상황이 누군가
와의 타협에 이르는 데 도
움이 되었던 상황을 생각
해 보세요. 그때의 대화를
기록해 보세요.

나와 기질이 다른 사람과
최근에 나누었던 긴장감
있는 대화를 떠올려보세
요. 그 불일치에서 무엇을
배울 수 있나요?

다른 사람보다 말을 크거
나 빠르게 하지 않는 사람
을 지지해 줄 방법은 무엇
인가요?

## 직장

내향적인 사람들이 외향적인 세계에 적응하라는 압박을 당하는 장소는 주로 일터입니다. 새로운 집단사고는 무엇보다 팀워크를 중시합니다. 창의성과 지적 성취가 시끌벅적한 장소에서 나온다고 주장하지요. 이러한 접근은 개방형 사무실이나 협업에 관한 강조로 나타날 수 있으며 상호교류를 권장하고 혼자 일하는 것을 금지하기도 합니다.

직장에서 어떤 식으로든 새로운 집단사고를 경험한 적이 있나요?

맞지 않는 유형은 무엇인가요?

자신의 성격 유형에 맞는
업무 유형은 무엇인가요?

당신의 학교나 직장 환경
이 어떻게 배치되어 있는
지 그려보세요. 협업을 위
한 장소는 어디인가요?
자기반성을 위한 자리는
있나요?

이 그림을 염두에 두고 현재 공간 안에서 생산성을 최적[화]
할 수 있는 아이디어를 세 가지 적어보세요.

**1**

**2**

**3**

당신의 작업 환경을 이상에 더 가깝게 만들 수 있도록 제안
하거나 변화를 시도할 수 있나요?

꿈의 작업 환경 도표로 그
려보세요. 경계들을 포함
해서요.

DATE        .        .

작가 엘란 모건Elan Morgan
은 이렇게 말합니다. "얼
마간의 자유로운 시공간
이 효과적으로 확보되면
숨 쉴 틈이 생기죠. 네, 아
마 다시 일을 즐길 수 있
게도 될 거예요." 당신이
확보할 수 있는 '자유로운
시공간'은 무엇인가요?

재 혹은 예전 상사의 리더십 방식을 설명해 보세요. 그들은 얼마나 빠르게 결정을 내리나요?
동 작업이나 개별 작업을 어떤 식으로 권장하나요? 그 사람과 함께할 때의 장점 세 가지를
어보세요.

**1**

**2**

**3**

## 회복 환경

'회복 환경'은 브라이언 리틀Brian Little 교수가 만든 용어로, 자신의 있는 그대로의 모습으로 돌아가고 싶을 때 가는 장소를 가리킵니다. 강변길 같은 물리적인 장소일 수도 있고, 업무 전화 사이 잠깐 조용히 쉬는 시간적인 공간일 수도 있지요. 직장에서 중요한 회의에 참여하기 전 주말에 모든 약속을 취소하는 것을 의미할 수도 있고, 요가나 명상을 하거나 대면 회의 대신 이메일 회의를 선택한다는 뜻도 됩니다.

당신이 자기 자신을 위해 이미 구축한 회복 환경은 무엇입니까? 조금 더 생각을 확장해 볼까요?

| 시간 | 활동 |
|---|---|
| 9:00 | ☐ <br> ☐ |
| 10:00 | ☐ <br> ☐ |
| 11:00 | ☐ <br> ☐ |
| 12:00 | ☐ <br> ☐ |
| 13:00 | ☐ <br> ☐ |
| 14:00 | ☐ <br> ☐ |
| 15:00 | ☐ <br> ☐ |
| 16:00 | ☐ <br> ☐ |
| 17:00 | ☐ <br> ☐ |
| 18:00 | ☐ <br> ☐ |
| 19:00 | ☐ <br> ☐ |
| 20:00 | ☐ <br> ☐ |

DATE     .     .

내일 일정을 미리 떠올려 보세요. 그리고 여기에 적어보세요. 중간중간 회복 환경을 포함하고 새로 만든 일정을 지키기 위해 노력해 보세요.

다른 사람들과 회의하는 중에도 어디에 앉을지, 언제, 어떻게 참여할지를 신중하게 선택함으로써 회복 환경을 만들 수 있습니다. 다음 회의나 사교 모임에서 해보세요.

어떤 일이 일어났나요? 다음에도 이렇게 할 건가요?

께 팀을 이루고 있는 사람들을 생각해 보세요. 그들의 장
은 무엇이고, 그들이 맡게 되었을 때 가장 자연스러울 일
무엇인가요? 조금 더 알아가고 싶은 사람은 누구인가요?

우리는 내향적인 사람들과 외향적인 사람들 간의 공생 관계를 적극적으로 추구해야 합니다. 그 관계에서 리더십을 비롯하여 다른 업무들은 사람들의 타고난 장점이나 기질에 따라 나누어지지요.

| 이름 | 장점 | 일 |
|---|---|---|
|  |  |  |
|  |  |  |
|  |  |  |
|  |  |  |
|  |  |  |
|  |  |  |
|  |  |  |
|  |  |  |
|  |  |  |
|  |  |  |
|  |  |  |
|  |  |  |

새롭고 진실한 관계 하나가
명함 뭉치보다 낫다.

사업을 위한 인맥 형성 모
임에서 인사하며 돌아다
녀야 한다는 생각은 지우
고 새롭고 진실한 관계를
만드는 것을 목표로 삼아
보세요. 어떻게 되었나요?

그들이 강인한 지도자가 될 수 있었던 자질은 무엇인가요

## 리더십

내향적인 사람들은 리더
가 되고 싶어서 리더의 자
리에 오르는 것이 아닙니
다. 그들은 비전을 위해
리더가 됩니다. 당신과 비
슷한 기질을 가진 성공적
인 리더 한 명을 떠올려보
세요. 그 사람에 관해 적
어보세요.

… 어떤 점이 다른가요?

그 사람과 당신은 얼마나
비슷한가요?

당신은 삶의 자리 어딘가
에서 리더 이상의 역할을
맡고 싶은가요?

만약 그렇다면, 어떤 자리인가요? 그 역할을 시작할 때 마?
하는 과제는 무엇인가요?

이어트의 기술은 어떻게 리더십을 증대시킬 수 있나요?

콰이어트의 기술은, 예를 들면 생각할 시간을 갖는 것, 질문을 던지는 것, 다른 사람에게 자율권을 주는 것, 협조적으로 생각하는 것 등이 있습니다.

## 공개 연설

지도자들이 갖는 기회 중 가장 두려운 활동 하나는 공개 연설입니다. 당신이 목적을 위해 청중을 모으고 추진력을 발휘한다면, 자기만의 핵심 프로젝트를 발전시키게 되는 영역이기도 하지요.

다음부터 공개 연설을 해야 할 때는, 소그룹 앞이라 하더라도, 어떻게 하면 있는 그대로의 내 모습으로 설 수 있을지 각해 보세요. 당신은 어떻게 본성에 충실한 모습을 유지 건가요?

---

---

---

---

---

---

---

---

---

---

---

---

---

---

처음부터 겁이 나는 상황에 부닥치면 미소를 지어보세요.
움이 되었나요? 당신의 경험을 여기에 적어보세요.

미소 짓기 같은 간단한 동
작을 취하는 것은 더 강인
하고 행복한 사람이라고
느끼게 해주지만, 눈살 찌
푸리기는 기분을 더 나쁘
게 한다는 연구 결과가 있
습니다.

공개 연설에 대한 불안을
극복하는 법을 배우는 것
이 당신의 일이나 개인적
목표에 도움이 되었나요?

만약 그렇다면 어떤 식으로 도움이 되었나요?

공개 연설가로서 당신의 장점은 무엇입니까?

당신에게 좋은 유머 감각
이 있다면 그것을 사용하
십시오. 타고난 익살꾼이
아니라면 일부러 노력하
지 않아도 됩니다. 그 대
신 자기가 가장 잘할 수
있는 것에 집중하세요.

연설이나 프레젠테이션, 아니면 어떤 장소에서 갑자기 사람을 마주쳤을 때 대화를 시작하는 방법을 연습해 보세요.

당신의 전달력을 더 효과적으로 발전시키기 위한 방법은 무엇인가요? 계속 유지해야 하는 것들은 무엇인가요?

강연의 청중이 듣고 싶어 하는 이야기가 무엇일지 생각
보세요. 강연자는 그들이 원하는 것을 어떻게 전달했나
?

당신이 존경하는 강연자, 특별히 차분한 어조를 지녔지만 아주 숙련된 발표자의 영상을 시청해 보세요. 전체적인 메시지는 무엇인가요? 그가 공감을 더욱 끌어내기 위해 강연에 덧붙였던 이야기나 예시는 무엇이었나요?

생각이 깊고 시사하는 바
가 큰 것도 역동적이고 즐
거운 것 못지않게 강력합
니다.

당신이 연설이나 프레젠테이션을 준비하는 데 도움이 되는
준비 과정이나 의식은 무엇인가요?

연설의 주요 내용에 관해 어떤 질문들을 가지고 있나요?
신이 나누고 싶은 지식은 무엇인가요?

공개 연설을 해야 하는 상황을 재구성해 보세요. 어떤 평가를 받을지, '충분히 괜찮게' 보일지를 생각하지 말고 청중에게 무엇을 전달할지, 나는 무엇을 얻을 수 있을지를 생각해 보세요.

누구나 불편한 상황이 되면 나오는 개인적인 버릇이 있습니다. 머리를 쓸어넘긴다든지 넥타이를 매만진다든지요. 신체언어 전문가는 이 행동을 '무의식 적응행동unconscious adapters'이라고 지칭합니다. 내가 불편함을 느낄 때 나오는 행동이 무엇인지 주의를 기울여 보세요.

당신의 무의식 적응행동은 무엇입니까?

떻게 그 행동을 알아차리고 수정할 수 있었나요? 그 행동
정이 당신의 대화 경험에 어떤 영향을 미쳤나요?

DATE          .          .

이번 주, 대화할 때 '음', '어' 같은 것을 없애기 위해 노력하는 등, 무의식 적응행동을 최소화하기 위해 노력해 보세요.

'어', '음' 같은 군소리가 강연자를 더 신뢰할 만하게 만든다는 새로운 연구 결과가 있습니다. 다른 사람의 연설에서 이야기 중 멈추는 순간에 주의를 기울여 보세요.

당신이 보기에 그것은 강연자의 신뢰성에 어떤 영향을 미치던가요? 청자로서 느끼기에 어땠나요?

확실성을 나타내는 것에 대해 어떻게 생각하나요? 유용
다고 생각하나요, 아니면 메시지에 방해된다고 느끼나
?

DATE          .          .

어떤 연구에 따르면 불확
실성을 드러내는 것이 사
람들이 당신의 의견을 더
신뢰하게끔 만든다고 합
니다.

## 능력 기여하기

우리는 자기 자신의 핵심적인 가치와 이상으로 시선을 돌리고자 안전지대에서 벗어났습니다. 이것이 우리가 앞쪽에서 파악했던 '자기만의 핵심 프로젝트'입니다. 이 프로젝트들은 가족들에게 특별한 관심을 기울여야 한다거나 자기 전문 분야에 탁월해져야겠다는 자극을 받았을 때처럼 시기가 되면 표면으로 떠오르기도 합니다.

자기만의 핵심 프로젝트를 미리 계획하는 것은 나의 기질적인 장점의 힘을 십분 활용할 수 있게 하고, 내가 최선의 모습으로 살아가기 위해 필요한 것이 무엇인지 사전에 알 수 있게 합니다. 이제부터 나오는 길잡이 질문들에 답하며 앞으로의 큰 도약을 대비합시다. 그 일을 마치고 다시 회복하는 방법도 같습니다.

공적인 결과를 내기 위해 당신은 어떻게 자신의 능력을 용할 것이며 어쩌면 그 이상의 노력을 어떻게 쏟을 건가? 당신에게 어떤 도움이 필요할까요?

당신의 핵심 프로젝트가
당신에게 중요한 이유는
무엇입니까?

당신에게 적절한 조명이
비치는 곳으로 가기 위한
방법은 무엇인가요?

삶의 비결은 적절한 조명이
비치는 곳으로 가는 것이다.
누군가에게는
브로드웨이 스포트라이트겠고,
누군가에게는
책상의 등불이리라.

당신이 세상에 기여해야
만 하는 재능이 공개 연설
이나 인맥 형성, 혹은 당
신이 불편해하는 활동에
요구된다면, 그래도 하십
시오.

당신의 핵심 프로젝트와 관련된 활동이 편하게 느껴지나
요? 불편한 것은 무엇인가요?

당신의 핵심 프로젝트를 완수하기 위해 필요한 교육은 무엇이고 그 교육을 시작하려면 가장 먼저 해야 할 일은 무엇인가요?

어떤 필수적인 활동들은 쉽지 않다는 점을 받아들이고 조금 더 쉽게 할 수 있도록 필요한 교육을 이수하십시오. 그리고 그 일을 다 마치면 자신에게 보상해 주세요.

_____

_____

_____

_____

_____

_____

_____

_____

_____

_____

_____

_____

_____

_____

_____

_____

자신이
세상에 기여할 수 있는 것이
무엇인지 알아내고
그것을 실천하라.

당신은 세상에 어떻게 기
여할 수 있나요? 그것을
진행하기 위해 이번 주에
할 수 있는 일은 무엇인가
요?

당신에게 성공의 기준처
럼 보이는 것은 무엇이며,
노력하여 그 기준들에 닿
으면 자신에게 어떤 보상
을 줄 건가요?

장에 적었던 당신의 스위트 스폿으로 다시 돌아가 봅시다. 지금까지 당신의 일상에 스위트 스
폿들을 얼마나 채울 수 있었나요? 즐거움을 더욱 늘리기 위해 이번 주에 할 수 있는 다른 방법
들은 무엇일까요?

**1**

**2**

**3**

대부분의 영적 문화에서 침묵이나 고독은 널리 가치를 인정받는데도 오늘날 우리가 조용함의 가치를 심히 불신하는 것이 이상하지 않나요?

가정이나 직장에서 침묵과 고독을 어떻게 장려할 수 있을까요?

"나는 내 재능이
여기저기 뛰어다니며
온갖 일을 하는 것이 아니라
깊은 분석과 반성적 사고,
양을 능가하는 질에 있다고
스스로 되뇌어야 한다."

제니퍼 그렌맨Jennifer Granneman
『세상의 잡담에 적당히 참여하는 방법』 저자

DATE        .        .

내향적인 사람들이 사랑
하는 일이 한 가지 있다
면, 바로 배우는 것입니
다. 내향적인 사람들은 자
신이 가치 있는 사람이라
고 느끼는 것도 좋아하며
다른 사람과 자신의 지식
을 나누고 싶어 하지요.

당신이 더 배워보고 싶은 것 한 가지는 무엇인가요?

어떻게 하면 당신이 알고
있는 지식을 다른 사람과
더 잘 나눌 수 있을까요?

"당신이 지배하는 것은
당신의 생각이지
외부 상황이 아니다.
이를 깨달아라.
그리하면 힘이 생기리라."

---

**마르쿠스 아우렐리우스**Marcus Aurelius
『명상록』 저자

DATE          .          .

당신의 일정에서 덜어낼
수 있는 것들은 무엇인가
요? 어떻게 그 일들을 그
만둘 수 있을까요?

이번 주, 당신의 자유 특성을 어떻게 발휘할 건가요?

케임브리지대학교 교수이자 콰이어트 레볼루션 Quiet Revolution의 자문위원인 브라이언 리틀 박사는 우리가 날 때부터 가지고 있는 성격 특성(고정 특성)이 있고 발전시키는 것들(자유 특성)이 있다고 설명합니다. 내향적인 아빠가 파티에 참석하는 것이나 외향적인 박사과정 학생이 도서관에 앉아 있는 것은 모두 '자유 특성을 발휘하는 것'입니다. 성격과는 다르게 행동하고 상황에 맞게 대처하기로 선택하는 것이죠.

| 시간 | 활동 |
|---|---|
| 9:00 | ☐<br>☐ |
| 10:00 | ☐<br>☐ |
| 11:00 | ☐<br>☐ |
| 12:00 | ☐<br>☐ |
| 13:00 | ☐<br>☐ |
| 14:00 | ☐<br>☐ |
| 15:00 | ☐<br>☐ |
| 16:00 | ☐<br>☐ |
| 17:00 | ☐<br>☐ |
| 18:00 | ☐<br>☐ |
| 19:00 | ☐<br>☐ |
| 20:00 | ☐<br>☐ |

DATE　　　.　　　.

이번 장들을 활용하여 한 주간 일정을 계획해 보세요. 스위트 스폿을 찾고, 회복 환경을 포함하며, 나가야 할 모임의 수를 줄이면서요.

DATE      .      .

| 시간 | 활동 | |
|---|---|---|
| 9:00 | ☐ | |
| | ☐ | |
| 10:00 | ☐ | |
| | ☐ | |
| 11:00 | ☐ | |
| | ☐ | |
| 12:00 | ☐ | |
| | ☐ | |
| 13:00 | ☐ | |
| | ☐ | |
| 14:00 | ☐ | |
| | ☐ | |
| 15:00 | ☐ | |
| | ☐ | |
| 16:00 | ☐ | |
| | ☐ | |
| 17:00 | ☐ | |
| | ☐ | |
| 18:00 | ☐ | |
| | ☐ | |
| 19:00 | ☐ | |
| | ☐ | |
| 20:00 | ☐ | |
| | ☐ | |

| 시간 | 활동 |
|---|---|
| 9:00 | ☐ <br> ☐ |
| 10:00 | ☐ <br> ☐ |
| 11:00 | ☐ <br> ☐ |
| 12:00 | ☐ <br> ☐ |
| 13:00 | ☐ <br> ☐ |
| 14:00 | ☐ <br> ☐ |
| 15:00 | ☐ <br> ☐ |
| 16:00 | ☐ <br> ☐ |
| 17:00 | ☐ <br> ☐ |
| 18:00 | ☐ <br> ☐ |
| 19:00 | ☐ <br> ☐ |
| 20:00 | ☐ <br> ☐ |

DATE  .  .

DATE     .    .

| 시간 | 활동 |
|------|------|
| 9:00 | ☐ <br> ☐ |
| 10:00 | ☐ <br> ☐ |
| 11:00 | ☐ <br> ☐ |
| 12:00 | ☐ <br> ☐ |
| 13:00 | ☐ <br> ☐ |
| 14:00 | ☐ <br> ☐ |
| 15:00 | ☐ <br> ☐ |
| 16:00 | ☐ <br> ☐ |
| 17:00 | ☐ <br> ☐ |
| 18:00 | ☐ <br> ☐ |
| 19:00 | ☐ <br> ☐ |
| 20:00 | ☐ <br> ☐ |

| 시간 | 활동 |
|---|---|
| 9:00 | ☐ <br> ☐ |
| 10:00 | ☐ <br> ☐ |
| 11:00 | ☐ <br> ☐ |
| 12:00 | ☐ <br> ☐ |
| 13:00 | ☐ <br> ☐ |
| 14:00 | ☐ <br> ☐ |
| 15:00 | ☐ <br> ☐ |
| 16:00 | ☐ <br> ☐ |
| 17:00 | ☐ <br> ☐ |
| 18:00 | ☐ <br> ☐ |
| 19:00 | ☐ <br> ☐ |
| 20:00 | ☐ <br> ☐ |

DATE   .   .

DATE          .          .

| 시간 | 활동 | |
|---|---|---|
| 9:00 | ☐ | |
| | ☐ | |
| 10:00 | ☐ | |
| | ☐ | |
| 11:00 | ☐ | |
| | ☐ | |
| 12:00 | ☐ | |
| | ☐ | |
| 13:00 | ☐ | |
| | ☐ | |
| 14:00 | ☐ | |
| | ☐ | |
| 15:00 | ☐ | |
| | ☐ | |
| 16:00 | ☐ | |
| | ☐ | |
| 17:00 | ☐ | |
| | ☐ | |
| 18:00 | ☐ | |
| | ☐ | |
| 19:00 | ☐ | |
| | ☐ | |
| 20:00 | ☐ | |
| | ☐ | |

| 시간 | 활동 |
|---|---|
| 9:00 | ☐<br>☐ |
| 10:00 | ☐<br>☐ |
| 11:00 | ☐<br>☐ |
| 12:00 | ☐<br>☐ |
| 13:00 | ☐<br>☐ |
| 14:00 | ☐<br>☐ |
| 15:00 | ☐<br>☐ |
| 16:00 | ☐<br>☐ |
| 17:00 | ☐<br>☐ |
| 18:00 | ☐<br>☐ |
| 19:00 | ☐<br>☐ |
| 20:00 | ☐<br>☐ |

DATE      .        .

옮긴이 김현주

서울신학대학교 신학과를 졸업 후 현재 바른번역 소속 전문 번역가로 활동하고 있다.
옮긴 책으로『멈추고 정리』,『걱정하지 않는 엄마』,『리버스』,『우리는 왜 이별했을까?』
등이 있다.

콰이어트 마인드 플래너

1판 1쇄 인쇄 2021년 3월 31일
1판 1쇄 발행 2021년 4월  9일

지은이 수전 케인
옮긴이 김현주

발행인 양원석  편집장 정효진
디자인 강소정, 김미선  영업마케팅 양정길, 강효경

펴낸 곳 ㈜알에이치코리아
주소 서울시 금천구 가산디지털2로 53, 20층 (가산동, 한라시그마밸리)
편집문의 02-6443-8847    도서문의 02-6443-8800
홈페이지 http://rhk.co.kr
등록 2004년 1월 15일 제2-3726호

ISBN 978-89-255-8896-4(03190)